(Concerne la Couverture)

SAINTE ULPHE,

VIERGE ET SOLITAIRE AU VIIIe SIÈCLE,

2°

LA RENAISSANCE DE SON CULTE, A BUSSY-LÈS-DAOURS,

AU MILIEU DU XIXe SIÈCLE

APPENDICE 1830-1869;

3°

PIÈCES A L'APPUI DE L'APPENDICE

Dédié à la vénérable demoiselle DELUCHEUX, 16 mai 1869.

PARIS
TYPOGRAPHIE & LITHOGRAPHIE RENOU & MAULDE
144, rue de Rivoli, 144.

1869

PIÈCES A L'APPUI

(Suite.)

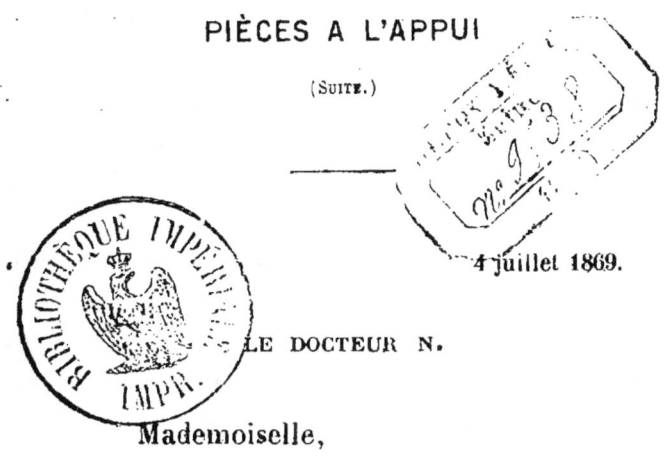

4 juillet 1869.

LE DOCTEUR N.

Mademoiselle,

J'ai lu avec le plus vif intérêt les *trois petites brochures*, relatives à votre pieuse congrégation.

Le savant **M. N...** s'est montré là maître consommé, comme dans tout ce qu'il écrit.

En vérité, la *sentence* N... est par trop rude, mise sur le *terrain du vrai* droit canonique. C'est le *nec plus ultra* de l'arbitraire; il faut autre chose qu'un *oubli d'avoir renouvelé la permission diocésaine tous les trois ans* pour se porter à une mesure aussi violente.

Et voilà comment agissent nos évêques en France, grâce aux *articles organiques*;

Grâces immortelles soient donc rendues à la divine Providence, qui a permis la miraculeuse divulgation du *monitoire papal*, adressé aux *Phocius* des bords de la Seine.

Soyez assez bonne, mademoiselle, pour faire agréer mes sincères félicitations au respectable N...

Je compte *énormément sur Pie IX*, qui a reçu de Dieu une MISSION.....

Je me recommande à vos bonnes prières, afin que le divin rédempteur continue à bénir nos écrits du droit canonique, *entrepris pour faire reconnaître et respecter* la *suprématie pratique* et NON PAS HONORAIRE de son vicaire, ici-bas.

Je suis avec un profond respect,

   Mademoiselle,

  Votre très-humble serviteur,

    Docteur N.

      Paris, 19 juillet 1869.

Mademoiselle,

C'est aux eaux de Vichy que je viens de recevoir et de lire les *trois cahiers*, dont vous avez bien voulu me faire hommage : je vous en remercie bien cordialement, et vous prie d'agréer mes sincères sympathies pour toutes vos souffrances morales... Si cette persécution vous était suscitée par un suppôt de Satan, il me semble qu'elle serait et moins étrange et plus supportable; mais, qu'elle vous vienne de la source que vous me signalez; d'un prélat catholique, qui méprise ainsi la mémoire de tant d'illustres prédécesseurs et les actes si positifs du Saint-Siége, c'est chose incroyable, ou mieux aberration, que je m'abstiens de qualifier; oui, encore une fois, il faut ou que vos vénérés protecteurs, ainsi que Rome, aient été grossièrement trompés jusqu'à ce jour, ou que l'autorité diocésaine ait vraiment perdu le sens moral pour ne pas reculer devant un aussi affligeant scandale... Dans ces lamentables circonstances, au lieu de céder à la nature, agissons en véritables chrétiens; aidons-nous de manière à avoir raison dans le fond comme dans la forme; adressons-nous à l'autorité suprême; puis, prions; et nul doute que la lumière ne se fasse et que justice ne vous soit rendue, au moins du côté du Saint-Siége, dont le principal attribut est d'arracher le faible des mains du plus fort que lui.

Chaque jour, j'attends de M. N... l'acte d'humble soumission que tout évêque, sincèrement catholique, doit au légitime successeur de

Pierre, car Sa Grandeur a trop le sentiment du devoir pour se poser plus longtemps vis-à-vis de l'épiscopat du clergé et des fidèles, comme adversaire du Vicaire de Jésus-Christ et perdre ainsi son rang d'évêque catholique, qu'il occupe dans l'Église : c'est pourquoi, en sa qualité de successeur de saint Denis, sa conscience (indépendamment des *prescriptions du futur Concile* et de son directeur) ne le laissera pas en paix, jusqu'à ce qu'il m'ait rétabli, *en vertu de la sentence papale*, à la tête de mes bien-aimés paroissiens, sinon comme curé *titulaire* (dans le cas où continuerait l'opposition peu sérieuse du gouvernement), *au moins comme administrateur*: alors, le pouvoir civil n'aurait pas le plus petit mot à dire ; parce que la condition du *titulaire*, d'après la raison, le droit canon et le concordat, ne saurait être pire que celle d'un *desservant* et même du plus modeste *vicaire*, que l'évêque est maître *absolu* de maintenir à leurs postes ou de déplacer en dépit de la volonté de la puissance civile.

Veuillez agréer,

  Chère demoiselle,

  l'expression de mon respectueux dévouement,

     N...

23 juillet 1869.

Monsieur et bien vénéré Confrère,

Pardonnez-moi de n'avoir pas répondu *plus tôt* à votre lettre non plus qu'à celle de Mademoiselle Clémentine Delucheux, qui m'a fait aussi l'honneur de m'écrire *elle-même.*

Vos pensées sont les *miennes*, ou plutôt les *nôtres*; car *je ne suis pas seul*. Il faut compter sur le Pape *plus que sur tout le reste, plus que sur toutes personnes et toutes choses* ; cela est tout simple, puisque lui seul a la lumière d'infaillible vérité pour enseigner, et la plénitude de la grâce apostolique pour gouverner. *tandis que les autres* ont besoin d'être *affermis par lui.* Les circonstances dans lesquelles se trouve l'Église, les misères, les ignorances et les iniquités donnent au dogme que je viens de rappeler une évidence *particulière.*

Nous pensons donc tous les uns comme les autres, vous, le docteur André et nous, et plusieurs autres.

Mais nous estimons qu'il ne faut pas rester oisifs : chacun a sa tâche à remplir dans les vues de Dieu ; et aucun de ceux qui sont choisis ou qui ont reçu.

quelque don pour coopérer à l'amélioration de l'avenir, ne doit négliger son talent.

Il serait donc *urgent, comme vous le dites*, de se voir pour conférer ensemble. Il ne m'est pas possible d'aller à...... *Mais vous*, Monsieur et vénéré Confrère, *ne pourriez-vous venir vers nous? du moins, ne pourriez-vous venir jusqu'à N......? Vous y trouveriez M. N......, avec qui il y aurait tant de profit réciproque à traiter.*

Mille respects, je vous prie, à la respectable Mademoiselle Clémentine Delucheux, et à vous,

    Monsieur et vénéré Confrère,

Mes meilleurs et bien respectueux sentiments......

---

                          18 octobre 1869.

    EN LA FÊTE DE SAINT LUC.

Très-cher cousin et baron,

Je justifie *une partie* de ma dernière lettre, que vous embrouillez *contre moi*!

Voici de rechef mes principes dans nos communs débats.

1ᵉʳ principe : *Je suis avec le Pape et avec les évêques, unis au Pape.*

Certes, que sont autre chose *mes trois cahiers* sur sainte Ulphe, que la pure réalisation de ce principe divin?... Toujours le Pape? toujours nos évêques, *unis au Pape?...* Essayez donc d'y lire autrement.

2ᵉ principe... *Que si certains évêques embrouillent le Pape et ses décrets irréfragables, donc alors je suis au Pape, sans plus perdre mon labeur en des procédures vaines.*

Je précise : Avez-vous lu *l'interdit* de Monseigneur d'Amiens dans mon 2ᵉ cahier, nº 3, p. 12?

Entre nous, que fait-on là, sinon embrouiller *ou oublier* les irréformables décrets du pape Grégoire XVI, *s'unissant aux évêques d'Amiens, dans mon affaire?* Sachez donc lire, cher cousin!!

Et puis (comme on l'écrit là même) ai-je refusé de *renouveler* une autorisation, *qu'on ne m'a jamais imposée, et pour cause? En fait,* me serais-je refusée à acquitter une offrande prescrite?... Suis-je donc une femme *d'argent?.....* Connaissez enfin Monseigneur N... et son interdit contre moi!! *Auri sacra fames!...*

Oh! je me suis expliquée devant qui de droit, devant le siége apostolique et dans un écrit! au grand jour... Quoi de plus?

Ma conclusion est que je ne dois plus perdre mon labeur en *des procédures vaines*... Les plus graves autorités m'approuvent ; j'ai leurs lettres admirables et convaincantes ; l'évêché lui-même *se tait* ; il bénit *solennellement* la sœur *défunte* de M. le curé : donc notre gloire se réveille (autoritairement) *en des funérailles* !!!

Et vous, cher cousin, vous osez nous assimiler à des *réfractaires* illustres !!

Ici, je cède *ma place* à d'autres que je ne nomme pas... Les réfractaires *canoniques* seraient ceux qui, *pour des questions d'argent* (ainsi qu'on s'exprime dans un *interdit public*), *effaceraient* les décrets pontificaux et les traditions de leurs pieux prédécesseurs sur le siège qu'ils tiennent ?... Doutez-vous à présent ?... Cher baron, tenez, voici mes raisons en confidence : employez-les, *sans faiblir*, au profit de la cause de Sa Sainteté Pie IX et du Siège éternel.

Agréez l'assurance de ma considération distinguée.

CH. DEL.

29 novembre 1869.

Vénérable frère,

Envoyez les trois cahiers et la lettre que je viens de lire. Son Excellence ne patronnera pas votre cause; mais la lettre et la remise de vos cahiers auront de l'autorité *à Rome*.

Je crois que Monseigneur ne vous répondra pas sans avoir préalablement écrit à N... Je crois aussi que Son Excellence priera Monseigneur N... d'arrêter le *retentissement* de cette affaire d'ici à la tenue du Concile, *dans la crainte* qu'elle ne soit un *démenti* trop criant donné aux évêques gallicans, qui tous, *d'après convention*, ont *écrit* que la *pratique suivie en France*, et au point de vue administratif, et au point de vue du for contentieux, *était le mieux* en soi et le plus satisfaisant pour les évêques et *les prêtres*.

Je crois que vous avez ici *mission pour concourir* au retour de la loi canonique chez nous; l'injustice vous a fait mourir, il faut que vous ressuscitiez, et votre résurrection datera de la mort du gallicanisme, où il règne. Monseigneur N... sera, croyez-le bien, le dernier évêque gallican à ....

J'ai beaucoup d'autres choses à vous dire ; mais le temps n'est pas encore venu.....

Prions Dieu.....

Tout à vous en Notre-Seigneur.

N....

P. S. Je m'explique... Son Excellence de Reims a reçu la visite de l'évêque d'Amiens. C'était *surtout* afin de s'entendre sur un plan de campagne pour le Concile général, comme aussi sur l'affaire de Bussy-lès-Daours, *touchant les principes canoniques qu'elle renferme*... Nous croyons ici que la *conspiration* des évêques gallicans succombera devant le Concile œcuménique... Le Pape et le droit prévaudront... L'Esprit-Saint est là.

On veut faire intervenir le Gouvernement *sur certains points* où il s'immixte d'ordinaire ?..... *Belle recette !... Coram Deo et Christo ejus !...*

Votre prélat fait le *doux* ! Or, lui qui *sait tout briser*, comme il appert, sait aussi faiblir pour maintenir son beau poste !! A Rome, il ne discutera rien ; il admettra tous ces principes du droit canonique ; il adoptera du fond du cœur (ce sont ses expressions solennelles) toutes les décisions qui seront prises... Chacun restera libre, même de repousser la *vérité* et de rejeter le *salut*... C'est à Dieu ensuite, *continue Sa Grandeur*, qu'il appartiendra de juger s'il y a lieu de punir...

Ainsi s'exprime Monseigneur d'Amiens, dans son Mandement n° 84, à la date du 26 octobre, p. 3, et que nous lisons partout, même dans les estaminets.

O Pater cœli, unde tale portentum, terris !! !

Agréez, cher père, l'assurance de.....

N...

Bussy-les-Daours, 29 octobre 1869.

Cher baron,

Venons à la question *pratique* ?

Vous admettez les principes *canoniques* établis dans ma précédente lettre : vous y ajoutez même *des renforts*...... soyons conséquents.

Donc *ma chapelle n'est point conséquemment interdite* .... relisez bien les prémisses ; et reculez, s'il se peut ?

Or, si ma chapelle n'est point interdite *canoniquement*, donc on y peut prier, communier (l'évêché lui-même en convient touchant la sœur défunte), célébrer la sainte messe, sans encourir (toujours canoniquement) ni excommunication, ni suspense, ni irrégularité, ni censure quelconque.... Ne reculez pas, je vous prie, devant l'inflexible logique.

« La logique nous vient des cieux. »

Or, cher cousin, pourquoi, descendant chez moi, n'y diriez-vous pas la sainte messe?

Oh! non, répliquerez-vous? *on doit des égards* à l'autorité, alors même qu'elle se trompe?

Ayez *des égards*, vous, cher cousin...... quatre et six cents francs *à maintenir* exigent de vous ce sacrifice.

Mais moi, est-ce que la question d'*argent* avilit ma personne?

J'enjambe, et prends des déterminations plus nobles : *je maintiens l'œuvre de Grégoire XVI*..... N'ai-je pas aussi mes droits sacrés à sauvegarder, au nom du pontife suprême? N'ai-je pas par une certaine mission providentielle, à forcer un *système* gallican administratif (maudit par vous) de se recueillir et de se taire? n'ai-je pas (toujours selon mes forces) à le *traduire* devant un conseil œcuménique, qui interroge d'*office*?... pourquoi notre muet clergé garde-t-il un coupable silence? oui, tout se révèle au *profit de notre cher diocèse* : levez la tête; car notre rédemption approche.

Je suis en Notre-Seigneur.

Votre bien humble servante,

Cl. Del.

Amiens, 23 novembre 1869.

Vénérée demoiselle,

Excusez-moi touchant votre œuvre si vénérable! je ne pouvais vous parler *autrement*..... *alors*, c'était mon entraînement, d'accord avec une *certaine* prudence..... bref, Monseigneur d'A..... *a bien fait* de s'adoucir, surtout à l'endroit des funérailles de votre première assistante..... mais brisons là, *sur ce point*.

Oui, le saint Concile fera ressortir les excès *affreux* des organiques de 1802 : *douze ou quinze mille prêtres, désespérés! cent soixante-trois mille, changés sans raisons canoniques!*... voilà leurs œuvres!... Le ciel et la terre élèveront la voix...

ô mystère, caché depuis plus de soixante ans sur notre sol natal!... assez! assez!!!

Je suis ravi, vénérée demoiselle, des lettres que vous faites imprimer. Elles sont du plus grand poids. Les personnages qui vous les adressent, avec une sympathie si vive, sont en relation *directe* avec le siége apostolique pour les communications les plus graves... j'ai lu leurs écrits... ils ont de l'éclat... Le secrétariat du Concile général les possède : pour sûr, ils pèseront lourd dans les débats de France... Soyez ferme et robuste!

Je suis, avec un respect infini,

Vénérée demoiselle,

Votre.....

L'abbé P.....

P. S. Sa Grandeur Monseigneur Darbois, avec ses harangues et ses menaces; l'éminent professeur de Sorbonne, Monseigneur Maret, avec ses deux gros livres, seront canoniquement appréciés...

Et que pourront cent prélats, peut-être, en face des évêques du monde entier, *unis au Pontife suprême*, l'immortel Pie IX?

Croyez-le bien, la situation déplorable faite à l'Église de France par le gallicanisme administratif, sera l'affaire la plus brûlante du saint Concile... Attendons!!

www.ingramcontent.com/pod-product-compliance
Lightning Source LLC
Chambersburg PA
CBHW071437060426
42450CB00009BA/2214